LE CHAT I
SORCIÈRE

Données de catalogage avant publication (Canada)
Marchand, Marie-Nicole, 1960-

Le chat de la sorcière

(Le Raton Laveur)
Pour enfants de 3 à 8 ans.

ISBN 2-920660-62-4

I. St-Aubin, Bruno. II. Titre. III.Collection: Raton Laveur (Mont-Royal, Québec).

PS8576.A633C42 2000 jC843'.54 C00-940866-5
PS9576.A633C42 2000
PZ23.M37Ch 2000

Pour Amélie
À Camille

Le Conseil des Arts du Canada | The Canada Council for the Arts

Modulo Jeunesse remercie
le Conseil des Arts du Canada du soutien
accordé à son programme d'édition dans
le cadre du programme des subventions
globales aux éditeurs.

Cet ouvrage a été publié
avec le soutien de la SODEC.

Nous reconnaissons l'aide financière du gouvernement
du Canada par l'entremise du Programme d'Aide au
Développement de l'Industrie de l'Édition (PADIÉ)
pour nos activités d'édition.

Dépôt légal - 3e trimestre 2000
Bibliothèque nationale du Québec
Bibliothèque nationale du Canada
ISBN 2-920660-**62**-4

233, av. Dunbar, bureau 300
Mont-Royal (Québec)
Canada H3P 2H4
Téléphone: (514) 738-9818 / 1-888-738-9818
Télécopieur: (514) 738-5838 / 1-888-273-5247

Imprimé au Canada

LE CHAT DE LA SORCIÈRE

Texte:
Marie-Nicole Marchand

Illustrations:
Bruno St-Aubin

Le Raton Laveur

Verrue, une sorcière vraiment très laide et très désagréable, habite au cœur d'une sombre forêt. Chaque jour, elle consulte son grand livre des sortilèges pour préparer une nouvelle recette maléfique. Belzébuth, son chat noir au caractère plutôt grognon, lui lit la liste des ingrédients:

- 10 gouttes de venin de serpent
- 1 flacon de crachat de crocodile
- 5 gros champignons vénéneux
- 20 litres de jus de citrouille fermenté
- quelques boulettes de toile d'araignée

Verrue brasse longuement le mélange qui mijote sur le feu sans se préoccuper des commentaires d'Hortense, une souris grise et maigrichonne.

Elle est comme ça, Hortense. Toujours négative...

Ailleurs dans la forêt, le très charmant et très aimable magicien Melchior invente de délicieux remèdes à saveur de fraise ou de vanille sous l'œil vigilant d'Angélique, son adorable chatte blanche.

Melchior soigne toutes les maladies. Sa réputation est telle que même un maharadjah est déjà venu le consulter! Après sa guérison, le maharadjah reconnaissant a offert à Melchior un énorme éléphant prénommé Fakir. C'est un cadeau un peu encombrant par moments, mais c'est aussi un extraordinaire moyen de transport!

Cette forêt, en apparence si paisible, renferme un terrible secret: l'amour interdit de Belzébuth et Angélique. Pourquoi interdit? Parce que la sorcière et le magicien se détestent et qu'ils défendent à leurs chats de se fréquenter. Les pauvres amoureux doivent donc se cacher pour se rencontrer. Et encore, seulement quand Hortense accepte de faire le guet!

– Ah! si seulement Verrue et Melchior s'aimaient eux aussi, se lamentent parfois les deux chats. Quel bonheur ce serait de vivre tous ensemble…
– Il n'y a aucune chance que cela arrive! fait immanquablement remarquer Hortense de sa voix aigrelette.

Le temps s'écoule ainsi sans espoir de vie commune pour les chats, jusqu'au jour où Verrue annonce en enfourchant son balai:
– J'ai été invitée à participer au festival de la sorcellerie organisé par la fée Carabosse. Belzébuth, je te confie la maison en mon absence.

La sorcière s'envole et disparaît bientôt à l'horizon.

Songeur, Belzébuth la regarde s'éloigner:
– Sorcellerie, sorcellerie... murmure-t-il. Pourquoi n'y ai-je pas pensé avant? Il existe sûrement une potion magique capable de rendre amoureux!
– Impossible! déclare la souris.
– Jetons quand même un coup d'œil aux vieux grimoires que Verrue n'utilise jamais, suggère le chat.

Belzébuth feuillette attentivement les grands livres poussiéreux.
Tout à coup, il s'exclame:
– La recette d'un élixir d'amour! Voilà la solution!
– Ça ne marchera pas! prédit Hortense.
– Aide-moi à rassembler les ingrédients au lieu de critiquer, bougonne le matou.

Le chat exécute soigneusement toutes les étapes de la préparation.
– Ouf! enfin terminé, soupire-t-il. À présent, il ne me reste plus qu'à réunir Verrue et Melchior pour leur faire boire cette potion.
– Ça ne marchera pas! répète Hortense.

– Je sais bien que ce ne sera pas facile, s'impatiente Belzébuth. En fait, l'idéal serait que Verrue ait besoin du magicien. Par exemple si elle se blessait ou tombait malade...
– Ça ne marchera pas! insiste la souris.
– Cesse tes jérémiades ou tu seras mon prochain repas! menace le chat, exaspéré. Oh! chut! Verrue est de retour!

– Ce festival de la sorcellerie était passionnant, mais le voyage m'a épuisée, dit la sorcière en débarquant de son balai. Je vais me coucher immédiatement, ajoute-t-elle en se dirigeant vers son lit.
La sorcière ne tarde pas à ronfler, bientôt imitée par Hortense. Seul Belzébuth n'arrive pas à fermer l'œil.
– Comment vais-je convaincre la sorcière et le magicien de boire cette potion d'amour? se demande-t-il en se tournant et se retournant dans son panier. Et si cette souris de malheur avait raison…

À son réveil, le lendemain matin, Verrue tousse et se mouche. Elle est fiévreuse, toute pâle et si faible qu'elle ne peut se lever.

– J'ai dû attraper froid pendant la danse de la pleine lune, gémit-elle. Atchoum! atchoum!

Belzébuth n'en croit pas sa chance.

– Il faut te soigner. Je cours chercher le magicien! crie-t-il en s'enfuyant avant que la sorcière ne puisse le retenir.

Angélique est fort surprise de voir arriver son amoureux au grand jour. Belzébuth lui explique discrètement son plan. Il demande ensuite au magicien s'il lui serait possible de venir voir - hum - la sorcière Verrue - hum, hum - qui est bien malade, la pauvre...

– HA! HA! HA! s'esclaffe Melchior. La vieille chipie a besoin de moi? C'est trop drôle! Attends seulement que je lui prépare mon remède «spécial-sorcière» sans fraise ni vanille!

Le magicien s'affaire mystérieusement dans son laboratoire avant d'annoncer:
– Voilà, c'est prêt. Nous pouvons partir.
L'éléphant les conduit chez Verrue à travers la forêt. Arrivés à destination, tous entrent dans la maison, sauf Fakir qui se contente d'épier par la fenêtre: les éléphants sont tellement curieux!

Melchior se penche pour examiner la sorcière. Belzébuth en profite pour remplacer le flacon du magicien par le sien.
– Ça ne marchera pas! affirme Hortense une fois de plus.
– Tais-toi! lui ordonne à voix basse Angélique, ou tu finiras dans mon assiette!

Melchior verse une bonne rasade de l'élixir dans le gosier de la sorcière. Un phénomène étrange se produit alors. Le visage de la sorcière rosit. Son regard s'adoucit, et soudainement le magicien lui paraît extrêmement séduisant.

– Comme c'est gentil à vous d'être passé me voir, minaude-t-elle. Vous resterez bien prendre une tasse de thé? Je suis sûre qu'il me reste des biscuits à la bave de crapaud qui sont absolument délicieux.

Le magicien est perplexe. Il ne reconnaît là aucun des effets habituels de sa potion.

– Je ferais mieux d'y goûter pour me rendre compte par moi-même, se dit-il en prenant à son tour quelques gorgées.

Melchior dépose distraitement le flacon sur le rebord de la fenêtre.

Belzébuth et Angélique sont tellement ravis de voir leur plan fonctionner qu'ils ne remarquent pas que l'éléphant s'est emparé du flacon d'élixir.

Mais la potion - pouach! - n'est pas à son goût, et Fakir la recrache aussitôt.

Melchior, qui n'a pas quitté Verrue des yeux, remarque subitement que la sorcière n'est pas si laide, après tout. Elle est même très attrayante. Son nez crochu a du caractère. Son menton pointu est élégant. Et que dire de ses cheveux emmêlés, sinon qu'ils sont magnifiques?

– J'accepte volontiers votre invitation, susurre le magicien. J'adore les biscuits à la bave de crapaud.

– Victoire! exulte Belzébuth. Angélique, nous ne serons plus jamais séparés!
Angélique ronronne de bonheur.
– Tu vois, dit-elle à Hortense, ça a marché!
– Peut-être, mais le goût de cette potion est infect, réplique la souris en examinant l'éléphant avec un intérêt nouveau.

Finalement, il n'y a pas que les contes de fées qui se terminent bien.
Les contes de sorcières aussi, même s'ils réservent parfois...

...quelques surprises!